中国商贸物流发展报告

2022

中国·廊坊国际经济贸易洽谈会组委会

China Trade Logistics Development Report (2022)

中国财富出版社有限公司

图书在版编目（CIP）数据

中国商贸物流发展报告 . 2022 / 中国·廊坊国际经济贸易洽谈会组委会编著 . —北京：中国财富出版社有限公司，2023.10

（中国·廊坊国际经济贸易洽谈会丛书）

ISBN 978-7-5047-7996-0

Ⅰ . ①中…　Ⅱ . ①中…　Ⅲ . ①物流—经济发展—研究报告—中国— 2022

Ⅳ . ① F259.22

中国国家版本馆 CIP 数据核字（2023）第 200614 号

策划编辑　王　君		责任编辑　王　君		版权编辑　李　洋	
责任印制　梁　凡		责任校对　张营营		责任发行　杨恩磊	

出版发行	中国财富出版社有限公司
社　　址	北京市丰台区南四环西路 188 号 5 区 20 楼　　　**邮政编码**　100070
电　　话	010-52227588 转 2098（发行部）　　010-52227588 转 321（总编室）
	010-52227566（24 小时读者服务）　　010-52227588 转 305（质检部）
网　　址	http：//www.cfpress.com.cn　　　　排　版　宝蕾元
经　　销	新华书店　　　　　　　　　　　　　印　刷　宝蕾元仁浩（天津）印刷有限公司
书　　号	ISBN 978-7-5047-7996-0/F·3593
开　　本	787mm×1092mm　1/16　　　　　版　次　2023 年 11 月第 1 版
印　　张	4　　　　　　　　　　　　　　　　印　次　2023 年 11 月第 1 次印刷
字　　数	56 千字　　　　　　　　　　　　　定　价　78.00 元

前　言

　　2022年，国际环境复杂严峻，国内疫情散发多发，不确定性不稳定性因素增加，物流业运行波动性加大。各地各有关部门以及商贸物流协会、企业认真贯彻落实党中央、国务院的决策部署，坚定信心、迎难而上，进一步加大投入力度、强化政策支撑、优化制度环境，推动商贸物流实现平稳增长，为畅通国内国际双循环、促进经济社会发展、保障人民群众生产生活提供有力支撑。

一、2022年我国商贸物流发展回顾

（一）宏观经济大盘总体稳定，商贸物流运行展现韧性

1. 物流运行保持恢复态势

　　2022年，全国社会物流总额实现347.6万亿元，按可比价格计算，同比增长3.4%。社会物流总费用17.8万亿元，同比增长4.4%。社会物流总费用与GDP的比率为14.7%，比上年提高0.1个百分点。物流业总收入为12.7万亿元，同比增长4.7%。社会物流结构持续优化，服务实体经济作用凸显。工业品物流总额309.2万亿元，按可比价格计算，同比增长

3.6%；农产品物流总额5.3万亿元，增长4.1%；再生资源物流总额3.1万亿元，增长18.5%；单位与居民物品物流总额12.0万亿元，增长3.4%；进口货物物流总额18.1万亿元，下降4.6%。

2. 商贸物流需求略微增长

2022年，社会消费品零售总额为43.97万亿元，同比下降0.2%，但全国商贸物流总额达120万亿元，小幅增长0.2%。传统线下商贸物流总额小幅下滑，线上商贸物流等新型物流模式发展较快，商贸物流结构进一步优化调整。批发零售物流总额89.1万亿元，同比下降0.2%；线上零售物流总额11.9万亿元，同比增长10.7%；线上餐饮物流总额0.9万亿元，同比增长23.4%。线上零售和线上餐饮物流合计占商贸物流总额的10.7%，比疫情前的2019年提高1.5个百分点。

3. 商贸物流网络持续完善

2022年，国家发展改革委将25个国家物流枢纽纳入年度建设名单，年内公布了第二批24个国家骨干冷链物流基地，该名单已达41个；改造12家公益性农产品批发市场，新增农产品冷库库容1080万吨；建设各类县级物流和寄递配送中心1500个，乡镇快递和邮件处理站点7600个，95%的行政村实现快递直达。城乡商贸物流网络与国家综合运输大通道及物流枢纽衔接更加紧密。

4. 商贸物流效率保持稳定

2022年，商贸物流需求受疫情散发等因素影响波动性增大，作为商贸流通主渠道的批发零售物流供需两端承压。但得益于政策支持、供应链协同整合和精细化管理等，商贸物流运行效率总体保持稳定。据中国物流信息中心统计，2022年重点批发零售企业平均物流费用率较上年提高0.1个百分点，增幅与全行业情况一致。

5. 保通保畅保供成效显著

商务部加强市场运行监测预警，建立联保联供机制，协调疫情较重地区主要保供商贸企业与周边省份大型农产品批发市场建立产销对接关系，根据需要及时组织跨区域调运；指导地方完善应急保供预案，推动兜底民生保障的商业网点和物流配送站点应开尽开，保供人员应出尽出，保障末端配送顺畅到位。国家发展改革委部署指导国家物流枢纽、国家骨干冷链物流基地、示范物流园区等，全力保障医疗防控物资、政府储备物资和农业、能源、原材料等重要生产物资中转、分拨和运输畅通。交通运输部出台"即采即走即追"+闭环管理、重点物资运输车辆通行证、货车司机和重点企业"白名单"等政策举措，全力保障交通物流畅通有序运行，保障各类物资有序中转调运。

（二）重点领域加快转型升级，商贸物流供给质量提升

1. 批发零售物流展现新活力

相关企业加快布局前置仓、仓储会员店等，传统商超物流向仓配一体转型。集多种服务于一体的综合型社区便利店发展迅速，社区商业物流需求持续扩大。即时配送成为电商物流新增长点，用户规模和订单数量保持快速增长，配送商品品类不断扩展。

2. 餐饮、住宿物流寻求新突破

2022年，全国餐饮行业市场规模总体萎缩，食材流通市场规模为8.1万亿元，同比下降3.2%。半成品、预制菜等食材加工市场快速发展，预制菜和外卖物流需求增加，为餐饮物流复苏注入新动力。酒店等住宿行业充分整合供应链资源，实现订单需求、集中采购、保供运输、库存盘点等全链路过程管理，供应链风险识别和应对能力明显提升。

3. 进出口物流量质得到新提升

2022年，我国外贸进出口总额达42.1万亿元，同比增长7.7%。国际航运市场增速放缓，运价向常态回归。中欧班列高效运行，开行数量和发送量取得双增长。航空物流稳步复苏，航空货运成本回归正常。跨境

电商进出口额 2.11 万亿元，同比增长 9.8%。海外仓建设扎实推进，我国企业建设运营海外仓超过 2400 个，总面积超过 2500 万平方米。贸易通关便利化水平持续提高，进出口货物整体通关时间更短，进出口环节费用更低。

4. 冷链物流补短板取得新成果

2022 年，我国冷链物流市场需求达 3.2 亿吨，同比增长 6.6%。冷链物流市场规模达到 4916 亿元，同比增长 7.2%。我国公共型冷库总容量达 2.1 亿立方米，同比增长 7.7%；冷藏车市场保有量 38 万辆，同比增长 11.4%。冷链企业加速从多、小、散、乱向规模化、集中化方向发展，资源整合能力和市场竞争能力显著提升。

5. 农产品物流总额实现新增长

随着农产品消费升级和农产品供应链体系建设加快推进，农产品批发市场交易量平稳增长，流通效率有效提高，农产品物流需求潜力进一步释放。据中国物流信息中心统计，2022 年我国农产品物流总额达 5.3 万亿元，同比增长 4.1%。

6. 物流技术标准激发新动能

信息平台、智能标签、数字载具、自动导引车、自动码垛机、智能分拣、感应货架等系统和设备应用更加普遍。智慧仓库、绿色仓库建设改造稳步推进，无人配送市场规模持续扩大，智能末端配送设施布局更加完善。2022 年，全国建设改造智能立体仓库和绿色仓库面积分别约 4000 万平方米和 1000 万平方米。全社会 1.2 米 × 1.0 米尺寸标准托盘保有量超 6 亿片。存量托盘标准化率达到 35.0%。标准托盘租赁市场规模达到 3750 万片，同比增长 10.3%。

二、2023 年我国商贸物流展望

展望 2023 年，我国超大规模市场优势将继续增强，商贸物流需求有望恢复性回升，商贸物流高质量发展将迈出坚实步伐。

一是商贸物流需求规模有望回升。随着疫情防控政策优化调整，重点行业稳增长政策逐步出台，"消费提振年"等促消费系列活动有序开展，我国经济运行将总体回升，预计居民消费和进出口物流需求将出现较快复苏势头。

二是商贸物流向供应链物流转变。商贸物流深度嵌入批发零售、住宿餐饮、居民服务等商贸服务业和进出口贸易，传统商贸物流企业加快向供应链综合服务商转变，商贸物流服务产业链供应链的能力将进一步增强。

三是商贸物流应急保供作用更加凸显。在三年疫情防控期间，商贸物流发挥了突出的物资保供作用。各地方、各企业将更加注重商贸物流的应急保供功能，建立健全应急物流管理体系，提高应急保供能力。

四是商贸物流技术加快推广应用。5G、大数据、物联网、人工智能等现代信息技术在商贸物流领域的应用场景更为广泛，数字经济与商贸物流行业结合得更加紧密，智能分拣、立体仓库、智慧物流等设施设备的使用率更高。

五是商贸物流业态模式创新发展。"直播电商＋快递物流""即时零售＋即时配送""仓储会员店＋仓配一体"等新模式将不断涌现，业务规模将持续扩大。

六是商贸物流绿色低碳深入推进。绿色仓储、绿色包装、绿色配送逐渐成为行业共识，节能环保类物流设施、新能源配送货车等的接受面将更广。

七是商贸物流国际化迈出坚实步伐。"一带一路"建设深入推进，中欧班列战略通道作用更加彰显，跨境电商和海外仓蓬勃发展，商贸物流骨干企业加速在全球布局，并积极参与国际物流规则标准制定，商贸物流领域吸引和利用外资的水平不断提升，商贸物流国际化将迈出坚实步伐。

目　录

第一部分

总体发展情况

一、社会物流运行总体平稳

2022年，面对国内国际多重超预期因素冲击，在以习近平同志为核心的党中央坚强领导下，各部门各地区持续加大工作力度，优化政策环境，推动物流业总体平稳运行，为畅通国内国际双循环、促进经济社会发展、保障人民群众生产生活提供了有力支撑。2022年，全国社会物流总额实现347.6万亿元，按可比价格计算，同比增长3.4%。2020年至2023年一季度，社会物流总额增速波动趋于稳定，显示出较强的回升势头，且增速普遍高于同期GDP增长水平。2020年至2023年一季度社会物流总额与GDP增长情况如图1所示。

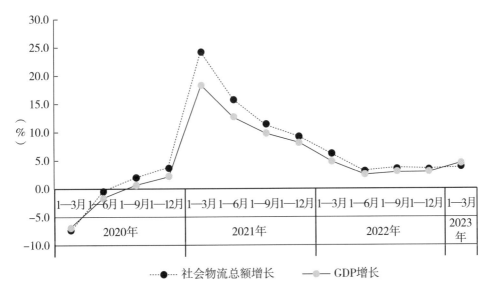

图1　2020年至2023年一季度社会物流总额与GDP增长情况

数据来源：国家统计局、中国物流信息中心。

社会物流结构持续优化，服务实体经济作用凸显。2022年工业品物流总额309.2万亿元，同比增长3.6%，对社会物流总额增长贡献率超过

70%。其中，高技术制造业、装备制造业物流总额同比分别增长7.4%和5.6%，增速分别高出工业品物流总额增速3.8个和2.0个百分点，能源行业、消费品物流需求保持稳定。

二、商贸物流需求略微增长

2022年，社会消费品零售总额达43.97万亿元，同比下降0.2%。疫情多发、频发对消费市场复苏扰动较大，但商贸物流保持韧性增长。2022年全国商贸物流总额达120万亿元，略微增长0.2%。按季度来看，一季度同比增长3.2%，二季度下降3.7%，三季度增长3.4%，四季度下降1.6%（见图2）。

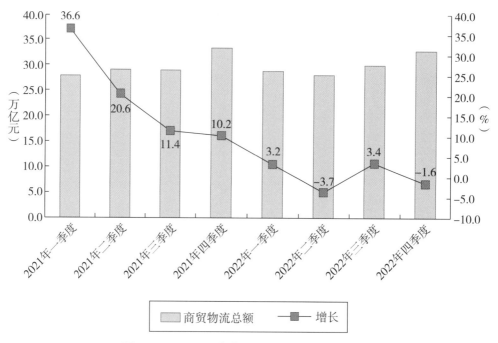

图2 2021—2022年各季度商贸物流总额及增长

数据来源：中国物流信息中心。

疫情防控期间，部分居民消费从线下转为线上，传统线下商贸物流需求小幅下滑，线上商贸物流需求增长较快，商贸物流结构进一步优化调整。从商贸物流构成看，批发零售物流总额 89.1 万亿元，同比下降 0.2%；线上零售物流总额 11.9 万亿元，同比增长 10.7%；线上餐饮物流总额 0.9 万亿元，同比增长 23.4%。线上零售和线上餐饮物流合计占商贸物流总额的 10.7%，比疫情前的 2019 年提高 1.5 个百分点。

三、商贸物流网络持续完善

各部门加大投入力度，强化政策支撑，引导社会资本积极参与，加快建设以国家物流枢纽为中心、农产品流通骨干网络和骨干冷链物流基地为节点、城乡物流配送设施为终端的现代商贸物流体系。2022 年，全国交通运输、仓储和邮政业等物流相关投资同比增长 9.1%。国家发展改革委将 25 个国家物流枢纽纳入年度建设名单；年内公布了第二批 24 个国家骨干冷链物流基地，该名单已达 41 个；改造 12 家公益性农产品批发市场，新增农产品冷库库容 1080 万吨；建设各类县级物流和寄递配送中心 1500 个，乡镇快递和邮件处理站点 7600 个，95% 的行政村实现快递直达。城乡商贸物流网络与国家综合运输大通道及物流枢纽衔接更加紧密。

四、商贸物流效率保持稳定

2022 年，商贸物流需求受疫情等因素影响波动性增大，物流服务供给受限，作为商贸流通主渠道的批发零售物流供需两端承压。政府及时出台保通保畅和助企纾困政策措施，企业加强供应链协同和精细化管理，商贸物流运行效率总体保持稳定。据中国物流信息中心统计，2022 年重点批发零售企业平均物流费用率比上年上升 0.1 个百分点（见图 3）。

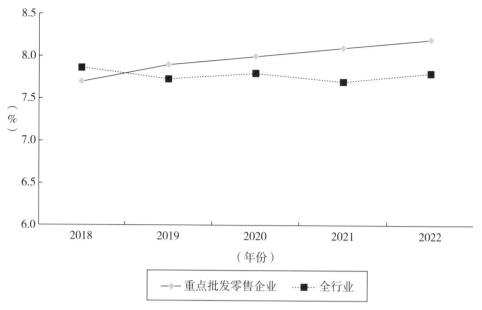

图3　重点批发零售企业平均物流费用率

数据来源：中国物流信息中心。

五、保通保畅保供成效显著

各部门坚持"民生要托底、货运要畅通、产业要循环"，全力以赴抓好物流保通保畅和生活物资保供工作。商务部加强市场运行监测预警，建立联保联供机制，协调疫情较重地区主要保供商贸企业与周边省份大型农产品批发市场建立产销对接关系，根据需要及时组织跨区域调运；指导地方完善应急保供预案，推动兜底民生保障的商业网点和物流配送站点应开尽开，保供人员应出尽出，保障末端配送顺畅到位。国家发展改革委部署指导国家物流枢纽、国家骨干冷链物流基地、示范物流园区等，全力保障医疗防控、民生保障、政府储备、农业生产、能源和基础原材料等重要生产生活物资的物流畅通。交通运输部出台"即采即走即追"+闭环管理、重点物资通行证、货车司机和重点企业"白名单"等政策举措，全力保障交通物流畅通有序运行，保障各类物资有序中转调运。

第二部分

重点领域发展情况

一、批发零售物流展现新活力

（一）连锁商超销售增速下降，仓配一体模式加快发展

2022年，限额以上超市销售额同比增长3.0%，增速比上年同期回落3个百分点。与此同时，超市线上销售显著增长，据中国连锁经营协会调查，82.9%的超市企业线上销售同比实现正增长，45.7%的超市企业线上销售同比增长超过20%。部分商超上市企业财务报表显示，营业收入和毛利均有所下降。限额以上超市销售额增长情况如图4所示。

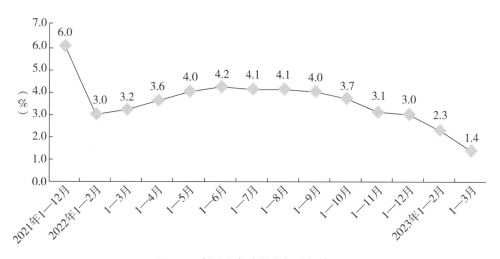

图4　限额以上超市销售额增长情况

数据来源：国家统计局。

为提高经营灵活度，降低物流成本，超市企业门店呈现线上化、社区化、仓店一体化发展趋势，布局前置仓、社区便利店、仓储会员店等，优化物流配送网络。商超企业入局大型仓储会员店，通过高效的网络平台和较强的供应链管控能力，为客户提供一站式仓储配送服务。仓配一

体模式下，仓储门店既是线上购物需求的仓库，也是电商物流的配送节点，采取产地直采、简易包装、大批量采购、仓储式陈列、优化物流节点等方式，有效降低物流成本和终端销售价格。据调查，仓储会员店商品价格普遍比普通超市同类商品零售价低。2021年与2022年部分品牌仓储会员店数量如表1所示。

表1　　　　　　　　　2021年与2022年部分品牌仓储会员店数量

品牌	2021年既存店（家）	2022年既存店（家）	年新增（家）
Costco（开市客）	2	2	0
盒马X会员店	4	9	5
家乐福	1	5	4
家家悦	1	1	0
Fudi仓储会员店	1	3	2
华联仓储会员店	1	1	0
麦德龙PLUS会员店	20	23	3
山姆会员店	36	43	7
北国超市	1	1	0
人人乐	3	1	−2
合计	70	89	19

数据来源：各公司年报。

（二）便利店销售持续增长，社区商业物流需求扩大

便利店销售额增速受疫情影响有所回落，但仍保持较高增速，发展连续多年好于大型超市，成为线下零售业中增长最快的细分业态。中国连锁经营协会报告显示，2022年全国便利店销售额实现3834亿元，同比增长9.8%，增速比上年回落8.1个百分点（见图5）。

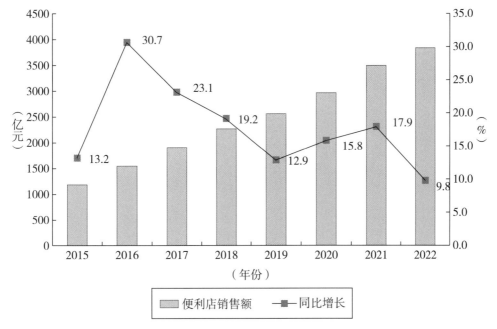

图5　2015—2022年便利店销售额变化情况

数据来源：中国连锁经营协会。

　　从全国范围来看，我国便利店服务人员数量仅为4700人/店，与国际成熟标准2500人/店相比存在较大差距，服务功能和空间布局均有较大提升空间。以便利店为代表的社区商业蓬勃发展，为"最后一公里"物流配送带来新的挑战，小批量、多频次的配送方式更加普遍，统一配送、夜间配送、冷链运输、带板运输等物流需求将进一步增加。

（三）电商物流呈波动性增长，即时配送成为新增长点

　　中国电商物流指数显示，2022年中国电商物流总指数平均值为105.8点，较2021年同期回落4.5个点。从月度变化来看，电商物流总指数在3月、4月回落较为明显，4月最低跌至102.2点，6月以后随着疫情的缓解，指数明显回升，并在三季度末期重新回升到108点以上（见图6）。根据国家邮政局数据，2022年全国快递业务量达到1105.8亿件，同比增长2%左

右。2023年，截至5月4日，快递业务量突破400亿件，比2022年提前了24天，显示快递业已经重回较快增长通道。

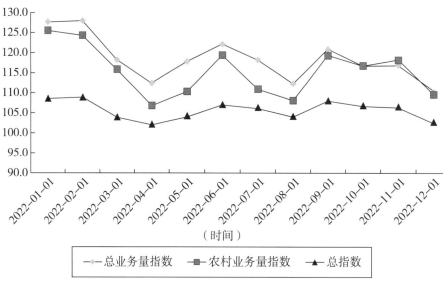

图6　2022年中国电商物流各指数变化情况

数据来源：中国物流信息中心。

随着网络数字技术的快速发展、线上线下的深度融合和末端配送服务的不断优化，即时配送作为一种主要满足消费者便利性、即时性购物需求的物流模式，用户规模和订单数量保持快速增长。估算数据显示，2022年我国即时配送订单约400.0亿单，同比增长30%左右（见图7），市场规模达到约2000亿元。

从即时配送商品品类看，餐饮外卖比重下降，非餐品类比重持续上升。2022年，各电商平台、大型流通企业积极扩大即时零售、配送商品范围，从生鲜、日化向母婴用品、电子设备等其他品类渗透。美团提出"万物到家"的概念，京东在2022年"双十一"期间提出"全品类好物小时达、最快分钟达"即时零售服务。

从即时配送服务客群看，根据"美团闪购"大数据分析，当前即时零售的客户群体主要集中在超大城市和特大城市，客群规模占比约为70%，2021年大中城市客群规模增幅超过90%。随着县域商业体系不断完

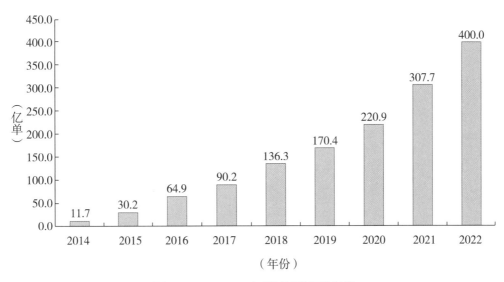

图7　2014—2022年即时配送订单规模

善，预计人口集中的县区将成为即时配送的下一个热点市场。

从即时配送物流管理看，即时零售市场的主体更加注重仓店一体化运营，优化线下门店和前置仓布局，借助拣货数字化工具和库存精细化管理，实现仓拣配和全链路履约效率提升与成本下降。

二、餐饮、住宿物流寻求新突破

（一）物流需求总体减少，食材加工、餐饮外卖逆势增长

2022年，全国餐饮行业收入4.4万亿元，同比下降6.3%。全国星级酒店营业收入总额1177.68亿元，仅有2019年的61.73%。受新冠疫情及各地防疫管控措施影响，仓储配送等环节的不确定性因素增多，导致物流运营成本提高和物流效率下降，进一步冲击与餐饮、住宿行业密切相关的食材流通市场。据中物联[①]食材供应链分会数据，2022年食材流通市场

---

① 中国物流与采购联合会。

规模为8.1万亿元，同比下降3.2%。

在餐饮行业市场规模总体萎缩的情况下，半成品、预制菜等食材加工市场快速发展，成为新的需求增长点，为餐饮物流复苏注入新的动力。据中物联食材供应链分会数据，2022年我国食材加工市场规模达10.7万亿元，同比增长2.4%。企业信用信息平台数据显示，我国现有预制菜相关企业约6.4万家，近三年相关企业注册量总体呈上升趋势。

疫情防控期间，居民生活习惯和消费模式更多地从线下向线上转变，餐饮外卖的服务和保障作用更加凸显，助力餐饮行业加快复苏。美团2022年财报显示，餐饮外卖单日订单量峰值突破6000万单。相关研究机构数据显示，2022年我国外卖餐饮行业市场规模接近1万亿元。

（二）住宿企业强化供应链管理，集中采购降低成本

疫情防控期间，酒店等住宿行业更加重视供应链管理，部分企业充分整合供应链资源，实现订单需求、集中采购、保供运输、库存盘点等全链路过程管理，通过集中采购方式进一步降低成本，提升品质，如洗漱用品等易耗品成本可以降低10%～20%。通过集中配送方式降低库存成本，保证服务质量。完善餐饮物流联盟，降低运营成本，提升协作效率，应对风险挑战。酒店相关供应商通过前置仓、食材供应链多元化和易耗品非定制化等方式，满足物资保供需求，有效提升物资保供效率。

三、进出口物流量质得到新提升

2022年，中国外贸进出口总额达42.1万亿元，同比增长7.7%，进出口规模再上新台阶。分领域来看，国际航运市场增速放缓，运价向常态回归。中欧班列高效运行，实现量质提升。跨境电商快速发展，

海外仓建设扎实推进。跨境贸易便利化水平进一步提升，营商环境持续优化。

（一）国际航运市场运力释放，集装箱运价持续回落

2022年，全国港口货物吞吐量达156.8亿吨，同比增长0.9%，其中外贸货物吞吐量46.1亿吨，同比下降1.9%；全国港口集装箱吞吐量完成29587万标箱，同比增长4.7%。2022年各月港口外贸货物吞吐量、集装箱吞吐量如图8所示。

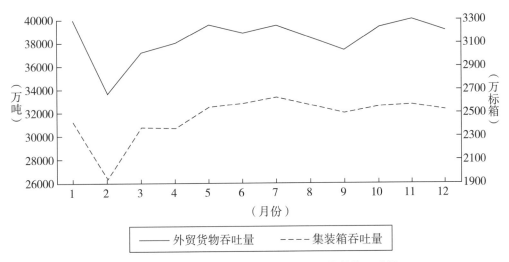

图8　2022年各月港口外贸货物吞吐量、集装箱吞吐量

数据来源：交通运输部。

2022年，伴随着疫情影响减弱，欧美主要港口拥堵情况大幅改善，集装箱船舶周转明显加速，运力供应快速增加，出口集装箱运价持续回落。2022年12月，中国出口集装箱运价指数平均值为1358.63点，较年初1月均值下降61.3%。

（二）中欧班列高效运行，开行数量和发送量双增长

中欧班列的高效运行为高质量共建"一带一路"、深化我国与沿线国

家经贸往来、维护国际产业链供应链稳定畅通提供了有力支撑。国铁集团发布数据显示，2022年全年开行中欧班列1.6万列、发送160万标箱，同比分别增长9%、10%；西部陆海新通道班列发送货物75.6万标箱，同比增长18.5%。2022年全年中老铁路累计运送货物1120万吨，开行跨境货物列车3000列，跨境运输货值超130亿元。

（三）航空物流稳步复苏，货运网络更加完善

2022年，全国民航完成货邮运输量607.6万吨，恢复至2019年的80.7%；国际航线完成货邮运输量263.8万吨，恢复至2019年的109%。内地航空公司拥有的货机达到223架，比2019年增加28.9%。在航空运价方面，从年初到年末，美线运价由每公斤约70元降到每公斤约40元，欧线由每公斤50元左右降到每公斤30元以下，基本回到疫情前的水平，企业国际航空运输成本回归正常。

据中国民航局统计，过去5年航空货运基础设施建设取得积极进展，新增航空货运能力600万吨以上。至2023年上半年在建或争取开工的枢纽机场新建、改扩建项目中，货运设施规模已超过100万平方米，货运机坪约200个，相关投资超过120亿元。

（四）跨境电商蓬勃发展，海外仓建设稳步推进

据海关统计，2022年我国跨境电商进出口额2.11万亿元，同比增长9.8%，5年间规模增长十倍，占外贸比重从不到1%上升到5%。我国跨境电商主体已超10万家，建设独立站超20万个，综合试验区内跨境电商产业园约690个。我国与29个国家签署双边电子商务合作备忘录。海外仓是跨境电商重要的境外节点，具有提高货物出入境效率、缩短配送时间、提升周转速度、缩短服务周期、大幅降低成本等优势和特点。截至2022年，我国已建设海外仓2400多个，总面积达2500多万平方米，其中跨境

电商海外仓1500多个，总面积约1900万平方米。

（五）货物通关更加便利，AEO合作持续推进

据海关总署信息，促进跨境贸易便利化专项行动取得实质性成效。一是进出口货物整体通关时间更短。2022年全国进口、出口货物整体通关时间分别为32.02小时和1.03小时，分别比2017年缩短了67.1%和91.6%。二是进出口环节费用更低。推动实施《清理规范海运口岸收费行动方案》，促进口岸收费公开透明。目前，我国港口收费水平低于日本、新加坡等周边国家，也大大低于欧美国家的港口收费水平。三是办理进出口手续更便利。国际贸易"单一窗口"与30个部门系统对接，上线22大类819项服务，注册用户620余万家，日申报业务量多达1700万票，基本实现口岸执法服务功能全覆盖，满足企业"一站式"业务办理需求。

AEO（经认证的经营者）国际互认合作持续推进，助力外贸高质量发展。AEO制度由世界海关组织倡导，旨在通过海关对守法程度、信用状况和安全水平较高的企业进行认证，给予企业通关便利。截至2023年5月，中国已经与新加坡、韩国、欧盟等26个经济体52个国家（地区）签署AEO互认协议，其中共建"一带一路"国家增加至35个，互认协议签署数量和互认国家（地区）数量居全球"双第一"。

四、冷链物流补短板取得新成果

（一）市场需求持续增长，设施设备数量稳步提升

据中物联冷链委[①]数据，2022年我国冷链物流市场需求达3.2亿吨，

---

① 中国物流与采购联合会冷链物流专业委员会。

同比增长6.6%（见图9）。冷链物流市场规模达到4916亿元，同比增长7.2%。

2022年我国公共型冷库总容量达2.1亿立方米，同比增长7.7%（见图10）；冷藏车市场保有量达38万辆，同比增长11.4%。

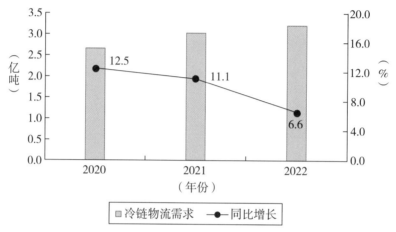

图9　2020—2022年冷链物流需求

数据来源：中物联冷链委。

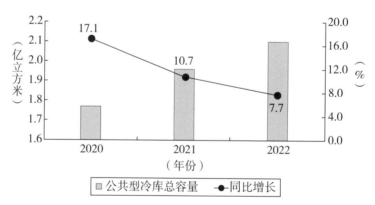

图10　2020—2022年公共型冷库总容量

数据来源：中物联冷链委。

冷链企业加速从多、小、散、乱向规模化、集中化方向发展。通过兼并重组，企业整合能力进一步增强，头部企业占比持续提升，资源整合能力和市场竞争能力显著提升。

（二）农产品冷链设施加快完善，冷链流通能力继续加强

2022年，商务部联合财政部印发《关于支持加快农产品供应链体系建设 进一步促进冷链物流发展的通知》，推动完善跨区域农产品批发市场和销地农产品冷链物流网络，加快城市冷链物流设施建设，健全销地冷链分拨配送体系，支持部分省份建设改造一批公共冷库、中央厨房、冷链集配中心、末端配送站点等冷链物流设施，夯实农产品冷链物流基础。2022年，新增农产品冷库库容1080万吨，有关省份农产品冷链流通率明显提高。

五、农产品物流总额实现新增长

随着农产品消费升级和农产品供应链体系建设加快推进，农产品物流需求潜力进一步释放，农产品物流规模持续扩大。根据中国物流信息中心统计，2022年我国农产品物流总额达5.3万亿元，同比增长4.1%（见图11）。

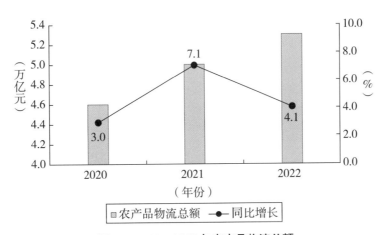

图11　2020—2022年农产品物流总额

数据来源：中国物流信息中心。

农产品批发市场是农产品交易和物流周转的重要枢纽，市场交易额平稳增长，市场集中度和流通效率进一步提升。据全国城市农贸中心联合会测算，2022年农产品批发市场交易量为9.85亿吨，同比下降1.6%，

交易额为6.09万亿元，同比增长1.8%。

农贸市场是生鲜农产品零售主渠道，流通比例约占70%，其余通过超市、社区菜店和零售摊点等销售。目前，全国共有农贸市场近4万家，主要经销蔬菜、水果、肉类和水产等品类。

农产品电商等新业态、新模式加速发展，农产品线上销售成为传统流通渠道的重要补充，有力带动了农业增效农民增收。据商务大数据监测，2022年全国农产品网络零售额实现5313.8亿元，同比增长9.2%，增速较2021年提升6.4个百分点。

六、商贸物流技术标准激发新动能

（一）托盘保有量稳步增长，标准化水平持续提升

据商务部研究院和中物联托盘委[①]测算，2013—2022年，我国托盘保有量稳步增长，从8.5亿片增长至17.0亿片（见图12）。

图12 2013—2022年我国托盘保有量及增速

数据来源：商务部研究院、中物联托盘委。

———————

① 中国物流与采购联合会托盘专业委员会。

截至2022年年底，全社会存量托盘标准化率达到35.0%，比上年提高1.8个百分点（见图13），1.2米×1.0米尺寸标准托盘保有量超过6亿片。

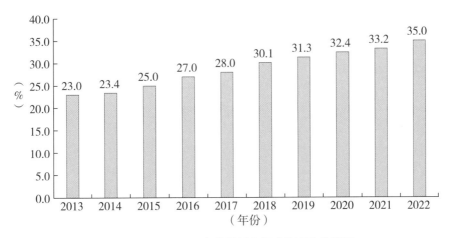

图13　2013—2022年我国托盘标准化率变化情况

数据来源：商务部研究院、中物联托盘委。

（二）托盘租赁规模扩大，带板运输普及

实现托盘循环共用和发展带板运输是促进商贸物流降本增效的重要手段。2022年，我国标准托盘租赁市场规模达到3750万片，同比增长10.3%（见图14）。标准托盘租赁量占我国托盘保有量比重稳步提升，

图14　2013—2022年我国标准托盘租赁市场规模发展情况

数据来源：商务部研究院、中物联托盘委。

2022年达到2.2%，同比增长0.2个百分点。

商务部研究院对全国59个重点城市的调查显示，截至2022年12月底，重点城市物流配送的带板运输率达到56.4%，同比提高2.3个百分点。

（三）物流技术装备快速发展，智慧仓库、绿色仓库建设稳步推进

信息平台、智能标签、数字载具、自动导引车、自动码垛机及智能分拣、感应货架等系统和设备应用更加普遍，智慧仓库、绿色仓库建设加快推进，无人配送市场规模持续扩大，智能末端配送设施布局更加完善。据中国仓储与配送协会测算，2022年，全国共建设改造智能立体仓库和绿色仓库面积分别约4000万平方米和1000万平方米。

第三部分

2023 年展望

2023年是全面贯彻落实党的二十大精神的开局之年，是"十四五"规划承上启下的关键一年，也是优化调整疫情防控政策后的第一年。展望全年，虽然仍存在多方面超预期因素，我国经济稳中向好、长期向好的基本面没有变，随着经济好转、就业增加、消费环境改善，我国超大规模市场优势将继续增强，商贸物流需求有望恢复性回升，商贸物流运行整体好转，商贸物流高质量发展将迈出坚实步伐。

一、商贸物流需求规模有望回升

随着疫情防控政策优化调整，重点行业稳增长政策逐步出台，促消费和"消费提振年"等系列活动有序开展，我国经济运行将总体回升，消费市场将逐步回暖，商贸物流需求将延续增长态势。区域全面经济伙伴关系协定（RECP）对15个签署国全面生效，区域经济一体化加速推进，通关便利化环境持续优化，跨境电商基础设施水平继续提高，跨境电商综合试验区高质量发展，各类商贸物流企业扬帆出海的信心进一步提振。预计居民消费和进出口物流需求将出现较快复苏势头。

二、商贸物流向供应链物流转变

商贸物流深度融入生产、分配、流通、消费各环节，深度嵌入批发零售、住宿餐饮、居民服务等商贸服务业和进出口贸易，传统商贸物流企业加快向供应链综合服务商转变，商贸物流服务产业链供应链的能力将进一步增强。

三、商贸物流应急保供作用更加凸显

在三年新冠疫情防控期间，商贸物流发挥了突出的物资保供作用。各地方更加注重商贸物流的应急保供功能，建立健全应急物流管理体系，提高应急保供能力。应急保供企业"主力军"继续壮大，商贸物流体系平急转换更加高效。商贸物流触角继续向末端延伸，城市配送"最后一公里"更加畅通，县乡村三级物流配送体系更加完善，贯通城乡的商贸物流应急保供体系将初步建成。

四、商贸物流技术加快推广应用

5G、大数据、物联网、人工智能等现代信息技术在商贸物流领域的应用场景更为广泛，数字经济与商贸物流行业结合得更加紧密，智能分拣、立体仓库、智慧物流等设施设备的使用率更高。标准托盘和标准物流周转箱（筐）等物流载器具的推广应用将获得更多行业认可，并加速向商贸物流各领域渗透。与标准托盘相适配的设施设备标准化改造将加速推进，托盘循环共用体系将逐步完善。全球统一标识系统（GS1）的使用将更加广泛，标准化载器具的信息承载能力将进一步增强。

五、商贸物流业态模式创新发展

电商快递、"仓储会员店＋仓配一体"等新型商贸物流模式的推广面更大，商贸物流整体效率进一步提升，更好地满足企业生产和居民生活需求。食材物流、餐饮冷链物流等企业积极制定应对策略，顺应居民消费升级需求，不断加快转型升级，提升服务能力，探索创新领域。现代冷链物流体系加快建设，网络化、数字化、智能化水平不断提高。即时配送快速发展，末端配送效率进一步提升。

六、商贸物流绿色低碳深入推进

商贸物流绿色发展理念深入人心，绿色仓储、绿色包装、绿色配送逐渐成为行业共识，节能环保类物流设施、新能源配送车等的接受面更广。商贸物流绿色标准体系逐步完善。以绿色低碳为特征的商贸物流供应链体系加快构建。

七、商贸物流国际化迈出坚实步伐

"一带一路"建设深入推进，中欧班列战略通道作用更加彰显，跨境电商和海外仓蓬勃发展，商贸物流骨干企业加速在全球布局，并积极参与国际物流规则标准制定，商贸物流领域吸引和利用外资的水平不断提升，商贸物流国际化将迈出坚实步伐。

附件1 商贸物流重点联系企业发展报告

为积极培育商贸物流骨干企业，加强行业发展趋势分析，推动商贸物流提质降本增效，根据商务部等9部门印发的《商贸物流高质量发展专项行动计划（2021—2025年）》，2022年9月，商务部决定建立商贸物流企业重点联系制度（试行），并在地方推荐、专家审核、社会公示的基础上，确定了首批全国商贸物流重点联系企业。根据重点联系企业报送的2022年物流发展情况，形成以下调查报告。

一、商贸企业发展情况

（一）经营范围

超过30%的商贸企业从事超市业务，超过20%的商贸企业从事便利店业务和电商平台业务，其他业务情况如附图1所示。从事两种业务的企

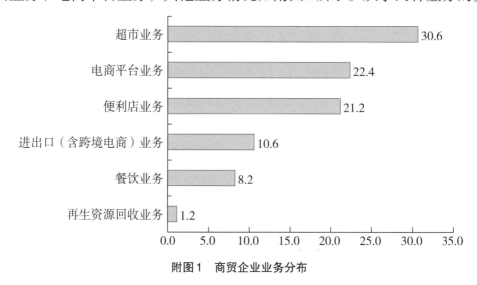

附图1　商贸企业业务分布

业占25.6%，从事三种及以上业务的企业占25.0%。

（二）经营情况

2022年商贸企业平均商品购进额约为138.7亿元，同比下降8.7%。平均商品销售额约为221.8亿元，同比下降3.8%，平均主营业务收入约为220.6亿元，同比下降8.3%，平均主营业务成本约为202.1亿元，同比下降11.8%。商贸企业平均利润率为8.4%，较上年提高3.7个百分点（见附表1）。虽然商贸企业2022年收入有所下降，但受益于成本下降明显，利润率同比有所上升。

附表1　　　　　　　　商贸企业经营情况

商贸企业经营情况	全部企业		
	2022年	2021年	同比（%）
平均商品购进额（万元）	1386932	1519129	-8.7
平均商品销售额（万元）	2218454	2305560	-3.8
平均主营业务收入（万元）	2206112	2405035	-8.3
平均主营业务成本（万元）	2021243	2292907	-11.8
平均利润率（%）	8.4	4.7	

（三）物流网络

从物流网络基础设施变化看，2022年，仓储配送中心平均数量同比有所下降，其他网络基础设施平均数量均比上年有所增长，其中，海外仓增长最显著，平均数量和平均面积分别增长71.4%和138%（见附表2）。

附表2　　　　　　商贸企业物流网络基础设施情况

商贸企业物流网络基础设施情况		全部企业		
		2022年	2021年	同比（%）
转运分拨中心	平均数量（个）	2.3	1.9	21.1
	平均面积（平方米）	11680.8	10573.4	10.5

商贸企业物流网络基础设施情况		全部企业		
		2022年	2021年	同比（%）
仓储配送中心	平均数量（个）	8.7	9.0	−3.3
	平均面积（平方米）	117551.3	107374.2	9.5
末端配送网点	平均数量（个）	170.3	155.0	9.9
	平均面积（平方米）	18059.1	16187.0	11.6
末端零售门店	平均数量（个）	829.4	686.9	20.7
	平均面积（平方米）	101073.2	99681.5	1.4
电商前置仓	平均数量（个）	14.5	11.8	22.9
	平均面积（平方米）	17761.4	15558.6	14.2
海外仓	平均数量（个）	0.12	0.07	71.4
	平均面积（平方米）	2009.5	844.4	138.0

（四）员工结构

从人员变化看，2022年企业平均员工数量为2610人，同比增长3%。超过10000人的企业占7.3%，小于1000人的企业占54.9%，其他情况如附图2所示。相比去年同期，2022年有41.5%的企业员工人数上涨，48.8%的企业员工人数下降，9.8%的企业员工人数没有变化。

（五）仓储设施

企业平均仓储面积为14万平方米。57.3%的商贸企业拥有立体库，75.6%的商贸企业拥有冷藏库，29.3%的商贸企业拥有绿色仓库，45.1%的商贸企业拥有高标仓（见附图3）。

企业仓储设施平均面积同比增加12.0%，立体库平均面积增加7.7%，冷藏库平均容积和绿色仓库平均面积分别增加3.1%和18.2%，高标仓平均面积增加7.3%（见附表3）。

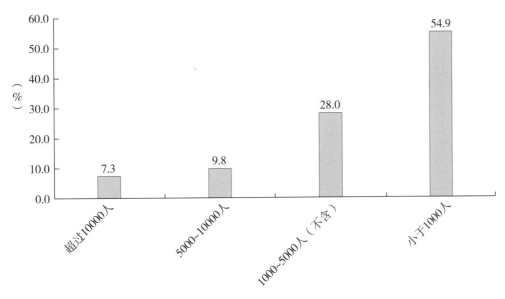

附图2　商贸企业2022年人员数量情况

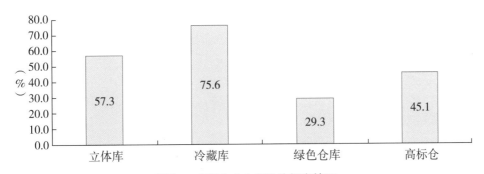

附图3　商贸企业仓储设施拥有情况

附表3　　　　　　　　　　　商贸企业各类仓储设施情况

商贸企业仓储设施	全部企业		
	2022年	2021年	同比（%）
仓储设施平均面积（万平方米）	14.0	12.5	12.0
立体库平均面积（万平方米）	2.8	2.6	7.7
立体库占比（%）	20.1	21.0	
冷藏库平均容积（万立方米）	3.3	3.2	3.1
绿色仓库平均面积（万平方米）	1.3	1.1	18.2
绿色仓库占比（%）	9.0	9.2	
高标仓平均面积（万平方米）	4.4	4.1	7.3
高标仓占比（%）	31.6	33.1	

（六）物流车辆

在物流运输装备方面，分别有41.2%和67.1%的企业使用新能源车和冷藏车。物流车辆平均数量同比增长10.1%，新能源车平均数量同比增长27.6%，份额提高了1.1个百分点，达到8.0%。冷藏车平均数量同比增长39.6%，份额提高了4.5个百分点，达到20.9%。商贸企业物流车辆变化情况如附表4所示。

附表4　　　　　　　　　　　　商贸企业物流车辆变化情况

商贸企业物流车辆	全部企业		
	2022年	2021年	同比（%）
物流车辆平均数量（辆）	231.7	210.5	10.1
新能源车平均数量（辆）	18.5	14.5	27.6
新能源车占比（%）	8.0	6.9	
冷藏车平均数量（辆）	48.3	34.6	39.6
冷藏车占比（%）	20.9	16.4	

（七）标准化载器具

国家标准托盘使用率达到81.2%，其中71.8%的企业自有国家标准托盘，32.9%的企业租赁国家标准托盘。国家标准化物流周转箱（筐）使用率为72.9%。商贸企业标准化载器具使用情况如附图4所示。

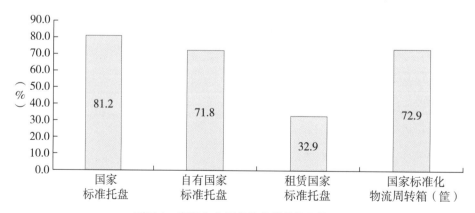

附图4　商贸企业标准化载器具使用情况

（八）物流投资

2022年，商贸企业在物流领域的平均投资额为2.2亿元，同比增长14.4%。投资额超过10亿元的企业占4.9%。投资额小于1000万元的企业占41.5%。没有物流领域投资的企业占15.9%。相比2021年，51.2%的商贸企业物流领域投资额上涨，32.9%的商贸企业物流领域投资额下降。商贸企业物流领域投资情况如附图5所示。

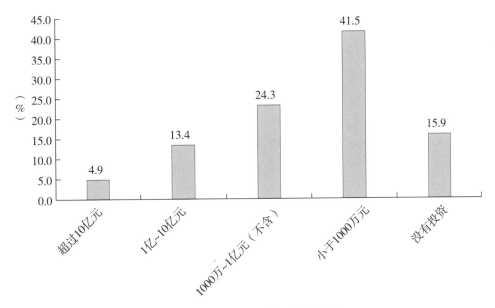

附图5　商贸企业物流领域投资情况

二、物流企业发展情况

（一）经营范围

从经营模式看，物流企业经营模式主要为综合物流，占78.5%；其次是仓储业务，占55.6%；从事城乡配送和货运平台的企业占比均在20%左右；从事电商快递和即时配送的占比均在5%以下（见附图6）。开展两种及以上经营模式的企业占比为60.0%。

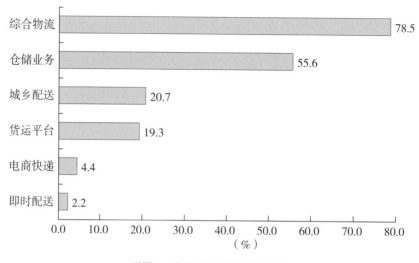

附图6 物流企业经营模式分布

从服务对象看，排名前三的是大宗商品、快消品和冷链产品，分别占34.1%、25.6%和23.3%，服务于农产品和汽车物流的企业均在10%以上，服务于医药物流的企业仅占5.9%（见附图7）。59.3%的企业的服务对象超过一种。

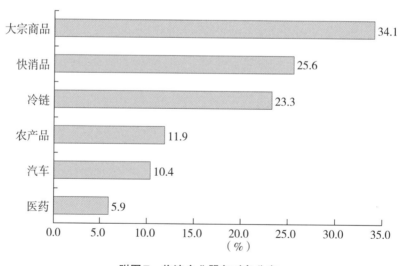

附图7 物流企业服务对象分布

（二）经营情况

受疫情影响，物流企业的营业收入普遍下降。平均主营业务收入约为

38.5亿元，同比下降17.2%。平均主营业务成本约为34.4亿元，同比下降18.2%。物流企业平均利润率为10.5%，比上年提高1个百分点。物流企业经营情况如附表5所示。

附表5　　　　　　　　　　物流企业经营情况

物流企业经营情况	全部企业		
	2022年	2021年	同比（%）
平均主营业务收入（万元）	384954	464932	−17.2
平均主营业务成本（万元）	344377	420823	−18.2
平均利润率（%）	10.5	9.5	
平均运输成本（万元）	155601	142386	9.3
平均保管成本（万元）	14633	14675	−0.3
平均管理成本（万元）	12545	10715	17.1

（三）物流网络

超过55%的物流企业拥有转运分拨中心，超过76%的物流企业拥有仓储配送中心，28.6%的物流企业拥有自己的末端配送网点，开展海外仓业务的企业不多，仅占总量的10.4%（见附图8）。

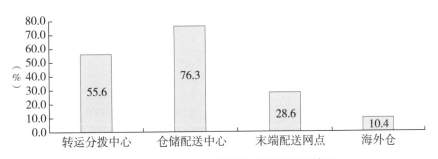

附图8　物流企业物流网络基础设施拥有情况

从物流网络基础设施数量变化上看，各项基础设施除海外仓平均数量有微弱下降外，其他指标均同比增长。其中，海外仓平均面积增长最显著，同比提高144.3%（见附表6）。

附表6　　　　　　　　　　　物流企业物流网络基础设施情况

物流企业物流网络基础设施情况		全部企业		
		2022年	2021年	同比（%）
转运分拨中心	平均数量（个）	19.8	19.1	3.7
	平均面积（平方米）	415826.3	411528.0	1.0
仓储配送中心	平均数量（个）	52.9	49.1	7.7
	平均面积（平方米）	288898.7	285785.7	1.1
末端配送网点	平均数量（个）	782.2	765.7	2.2
	平均面积（平方米）	36193.5	34002.4	6.4
海外仓	平均数量（个）	11.4	11.8	-3.4
	平均面积（万平方米）	716.0	293.1	144.3

（四）员工结构

企业员工数量方面，人数差异较大。员工数量最多的企业，2022年期末从业人数超过40万人。超过5000人的企业占6.0%，1000～5000人的企业占12.0%。大多数企业员工人数集中于100～1000人（不含），在此区间的企业占比近60%。小于100人的企业占22.6%（见附图9）。从变化上看，有52.6%的企业2022年员工人数同比增长，40.6%的企业员工人数下降，6.8%的企业员工人数没有变化。

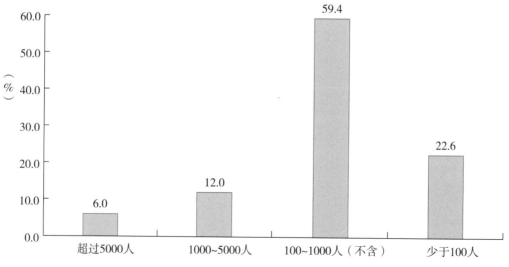

附图9　物流企业2022年人员数量情况

（五）仓储设施

企业平均仓储面积为49.2万平方米。68.3%的物流企业拥有立体库，53.7%的物流企业拥有冷藏库，32.9%的物流企业拥有绿色仓库，63.4%的物流企业拥有高标仓（见附图10）。

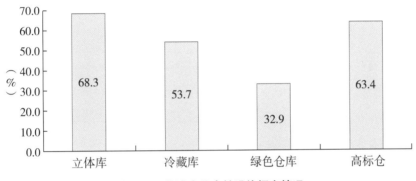

附图10　物流企业仓储设施拥有情况

企业仓储设施平均面积同比增加8.4%。冷藏库平均容积和绿色仓库平均面积分别为4.1万立方米和1.6万平方米，同比分别增长7.9%和6.7%。高标仓平均面积为10.0万平方米，同比增长4.2%。物流企业各类仓储设施情况如附表7所示。

附表7　　　　　　　　　　物流企业各类仓储设施情况

物流企业仓储设施	全部企业		
	2022年	2021年	同比（%）
仓储设施平均面积（万平方米）	49.2	45.4	8.4
立体库平均面积（万平方米）	8.0	7.7	3.9
立体库占比（%）	16.3	17.0	
冷藏库平均容积（万立方米）	4.1	3.8	7.9
绿色仓库平均面积（万平方米）	1.6	1.5	6.7
绿色仓库占比（%）	3.2	3.2	
高标仓平均面积（万平方米）	10.0	9.6	4.2
高标仓占比（%）	20.3	21.1	

（六）物流车辆

拥有新能源物流车和冷藏车的企业占比分别为46.6%和33.8%。物流企业物流车辆平均数量同比增长20.1%，新能源车平均数量同比增长37.4%，冷藏车平均数量同比增长2.4%。新能源车占全部物流车辆的比重为6.6%，同比提高0.8个百分点（见附表8）。

附表8　　　　　　　　物流企业物流车辆变化情况

物流企业物流车辆	全部企业		
	2022年	2021年	同比（%）
物流车辆平均数量（辆）	87688	73041	20.1
新能源车平均数量（辆）	5802	4222	37.4
新能源车占比（%）	6.6	5.8	
冷藏车平均数量（辆）	128	125	2.4
冷藏车占比（%）	0.1	0.2	

（七）标准化载器具

国家标准托盘使用率达到69.6%，其中57.0%的企业自有国家标准托盘，31.9%的企业租赁国家标准托盘。国家标准化物流周转箱（筐）使用率为51.1%（见附图11）。

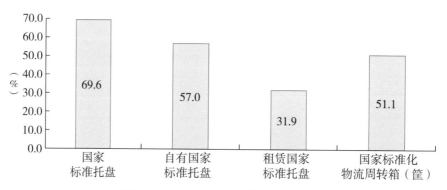

附图11　物流企业标准化载器具使用情况

（八）物流投资

2022年，物流企业在物流领域的平均投资额为1.2亿元。投资额超过10亿元的企业占4.5%。投资额为1亿元及以上的企业占20.3%。投资额为1000万～1亿元（不含）的企业占33.1%。投资额小于1000万元的企业占22.5%。物流领域没有投资的企业占比为24.1%（见附图12）。从变化上看，相比2021年，有42.1%的企业物流领域投资额上涨，29.3%的企业物流领域投资额下降，28.6%的企业投资额不变。

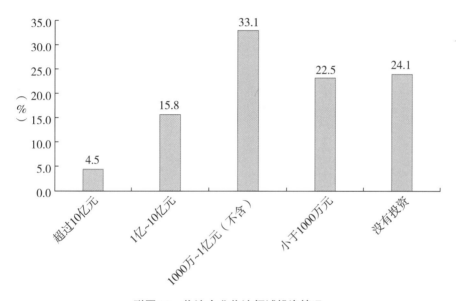

附图12　物流企业物流领域投资情况

三、企业安全建设情况

本次针对企业安全建设情况的调查分为四个方面，分别是物流安全制度建设情况、物流安全设施改造情况、物流安全人员培训情况和物流安全应急演练情况。从反馈的情况看，企业安全建设工作进展显著。所调查的企业均建立了较为完备的安全建设制度。超过93%的企业对物流安全设施进行了改造升级。企业安全人员培训工作开展顺利，相关工作主要包括建立安全培训制度、开展"安全生产月"活动、进行安全应急演练、定期组织安全生产培训以及统一培训、持证上岗等。

四、反映的困难和问题

后疫情时代，通行不畅不再是限制企业发展的首要问题了，企业经营类问题成为2023年的主要困难。

反映物流成本较高的企业占37.0%。首先是油价连续上涨带来的运输成本上升；其次是路桥、人工、场地租金等成本逐步增加，对物流企业经营和网点线路造成很大影响。

反映人才及用工短缺的企业占16.8%。主要表现为物流专业人才短缺，特别是在冷链物流、智慧物流、供应链整合领域，人才极度缺乏。同时，行业内还存在薪资待遇不匹配问题。晋升空间受阻等问题导致存量人才流失和人才引进难问题。

反映运营资金压力大的企业占9.0%。物流企业、个体运输能力快速恢复，市场出现了"僧多粥少"的局面，社会面货少车多，运价不涨反降，使得物流企业利润承压。问题汇总如附表9所示。

附表9　　　　　　　　　　　　　问题汇总

反映的问题	占比（%）
物流成本较高	37.0
人才及用工短缺	16.8
运营资金压力大	9.0
物流园区管理存在问题	7.5
行业竞争激烈	6.3
供应链不稳定	5.8
用地审批难	4.3
车辆通行困难	4.0
融资困难	3.5

五、企业政策建议情况

在企业提出的建议中，希望政府给予资金补贴支持的建议占22.3%。除希望政府直接进行财政补贴外，多数企业更希望政府通过资金补贴来规范行业行为，提升行业门槛，减少无序竞争。希望减税降费的建议占20.7%。建议政府有关部门持续优化土地供给，适度降低物流用地产值要求，避免物流用地只向大型物流地产商集中。希望获得金融和贷款支持的建议占16.6%，表现为企业希望获得更多融资速度快、融资成本低的优惠金融政策。政策建议汇总如附表10所示。

附表10　　　　　　　　　　政策建议汇总

政策建议	占比（%）
政府资金补贴支持	22.3
减税降费	20.7
金融和贷款支持	16.6
加强人才培养	14.1
提高行业数字化、信息化水平	9.7
推动供应链整合	7.2
加强用地支持	6.0
提高物流标准化水平	3.4

附件2 商贸物流重点联系企业名录

地区及重点联系企业数量（家）	重点联系企业名称
中央企业（4）	中国物流集团有限公司
	中国外运股份有限公司
	中国远洋海运集团有限公司
	中国五矿集团有限公司
北京市（6）	北京京邦达贸易有限公司
	北京家乐福商业有限公司
	华润医药商业集团有限公司
	北京华冠商业科技发展有限公司
	北京康安利丰农业有限公司
	北京星日朗供应链管理有限公司
天津市（5）	天津蜂众商贸有限公司
	天津港首农食品进出口贸易有限公司
	沃尔玛（天津）配送中心有限公司
	中农批（天津）国际冻品交易市场有限公司
	泰达行（天津）冷链物流有限公司
河北省（12）	承德宽广超市集团有限公司
	叁陆伍生活通网络科技河北有限公司
	衡水百货大楼（集团）股份有限公司
	廊坊市明珠商业企业集团有限公司
	河北惠友商业连锁发展有限公司
	河北美食林商贸集团有限公司
	河北快运集团有限公司

地区及重点联系企业数量（家）	重点联系企业名称
河北省（12）	中铁物流集团邢台飞豹物流港有限公司
	河北宝信物流有限公司
	承德秋硕物流管理有限公司
	秦皇岛冀盛物流有限公司
	中都格罗唯视（沧州）物流有限公司
山西省（4）	山西省太原唐久超市有限公司
	山西兴荣供应链有限公司
	太原优鲜多歌供应链有限公司
	山西咻咻供应链管理有限公司
内蒙古自治区（6）	鄂伦春自治旗绿安食品销售有限公司
	科右前旗金岛商贸有限责任公司
	呼伦贝尔市享自然农牧发展有限公司
	呼和浩特市新畅铁路储运有限责任公司
	呼和浩特市城发物流有限责任公司
	满洲里俄陆通供应链管理服务有限公司
辽宁省（7）	盘锦华鹏医药有限公司
	北镇市沟帮子食品有限公司
	营口港盖州物流有限公司
	益海嘉里（盘锦）物流有限公司
	海城市大涛冷链运输有限公司
	大连五佳国际贸易有限公司
	大连通达货运有限公司
吉林省（4）	四平万邦农副产品批发市场有限公司
	长春欧亚超市连锁经营有限公司
	吉林大药房药业股份有限公司
	一汽物流有限公司
黑龙江省（4）	哈尔滨中央红集团股份有限公司
	黑龙江俄速通国际物流有限公司

续　表

地区及重点联系企业数量（家）	重点联系企业名称
黑龙江省（4）	哈欧国际物流股份有限公司
	黑龙江农垦北大荒物流集团有限公司
上海市（18）	上药控股有限公司
	联华超市股份有限公司
	上海清美绿色食品（集团）有限公司
	圆通速递有限公司
	申通快递有限公司
	上海安能聚创供应链管理有限公司
	远孚物流集团有限公司
	上海品星互联网信息技术股份有限公司
	上海发网供应链管理有限公司
	上海优通国际物流有限公司
	上海景鸿国际物流股份有限公司
	上海顶通物流有限公司
	上海格林福德国际货物运输代理有限公司
	路凯包装设备租赁（上海）有限公司
	上海新易泰物流有限公司
	上海众萃物流有限公司
	上海有常物流有限公司
	德邦物流股份有限公司
江苏省（15）	孩子王儿童用品股份有限公司
	江苏凤凰新华书店集团有限公司
	江苏省苏食肉品有限公司
	南京卫岗乳业有限公司
	江苏新合作常客隆数科商业有限公司
	江苏宏信超市连锁股份有限公司

地区及重点联系企业数量（家）	重点联系企业名称
江苏省（15）	中储南京智慧物流科技有限公司
	江苏飞力达国际物流股份有限公司
	江苏苏宁物流有限公司
	江苏辉源供应链管理有限公司
	江苏安达洲沿江国际物流有限公司
	江苏苏汽国际物流集团有限公司
	江苏物润船联网络股份有限公司
	江苏佳利达国际物流股份有限公司
	苏州优乐赛供应链管理有限公司
浙江省（15）	华东医药股份有限公司
	浙北大厦集团有限公司
	浙江泰普森控股集团有限公司
	中国水产舟山海洋渔业有限公司
	大洋世家（浙江）股份公司
	江山南方水泥有限公司
	浙江红狮水泥股份有限公司
	传化智联股份有限公司
	物产中大物流投资集团有限公司
	浙江世纪联华物流配送有限公司
	振石集团浙江宇石国际物流有限公司
	舟山国家远洋渔业基地建设发展集团有限公司
	百世物流科技（中国）有限公司
	浙江浙农茂阳农产品配送有限公司
	宁波方桥三江物流有限公司
安徽省（7）	安徽绿篮子超市有限责任公司
	安徽壹度品牌运营股份有限公司
	安徽百大合家福连锁超市股份有限公司

地区及重点联系企业数量（家）	重点联系企业名称
安徽省（7）	安徽谊品弘科技有限公司
	安徽运通达物流科技有限公司
	六安正时达城市配送有限公司
	安徽飞腾国际物流股份有限公司
福建省（17）	福州民天实业有限公司
	福州朴朴电子商务有限公司
	永辉超市股份有限公司
	福建好运联联信息科技有限公司
	盛辉物流集团有限公司
	万全速配网络科技有限公司
	福建蓝海物流有限公司
	青顺物流集团有限公司
	华信（平潭）物流有限公司
	福建省中通通信物流有限公司
	厦门国贸集团股份有限公司
	厦门象屿股份有限公司
	鹭燕医药股份有限公司
	厦门见福连锁管理有限公司
	厦门市东万晟贸易有限公司
	建发物流集团有限公司
	云仓配供应链管理（厦门）有限公司
江西省（6）	九江凯瑞生态农业开发有限公司
	江西赤湾东方物流有限公司
	江西红土地物流集团有限公司
	江西广寻现代物流有限公司
	江西四顺物流集团有限公司
	江西泗丰物流有限公司

地区及重点联系企业数量（家）	重点联系企业名称
山东省（18）	山东潍坊百货集团股份有限公司
	滨州中裕食品有限公司
	山东全福元商业集团有限责任公司
	山东九州商业集团有限公司
	山东美佳集团有限公司
	苏鲁海王医药集团有限公司
	山东飞跃达医药物流有限公司
	山东新星集团有限公司
	山东爱客多商贸有限公司
	山东众得利现代农业发展有限公司
	威海市天福医药有限公司
	荣庆物流供应链有限公司
	山东天华高新技术产业发展有限公司
	山东佳怡供应链管理有限公司
	青岛京东昌益得贸易有限公司
	青岛新协航国际物流有限公司
	日日顺供应链科技股份有限公司
	福兴祥物流集团有限公司
河南省（8）	河南大张实业有限公司
	漯河双汇物流投资有限公司
	河南牧原物流有限公司
	洛阳中基华夏医药物流园管理有限公司
	许昌万里运输集团股份有限公司
	焦作市宏达运输股份有限公司
	南阳国际陆港商贸物流发展有限公司
	河南全润通供应链管理有限公司

地区及重点联系企业数量（家）	重点联系企业名称
湖北省（13）	湖北富迪实业股份有限公司
	湖北联海食品集团有限公司
	湖北黄商集团股份有限公司
	湖北佰昌农业发展有限公司
	武汉金宇综合保税发展有限公司
	荆门市东方百货大厦
	湖北众联物流发展有限公司
	九州通医药集团股份有限公司
	宜昌三峡物流园有限公司
	湖北安和物流有限公司
	湖北天元物流发展有限公司
	襄阳风神物流有限公司
	湖北多辉农产品物流园开发有限公司
湖南省（9）	湖南惠农物流有限责任公司
	丰沃达医药物流（湖南）有限公司
	株洲百货股份有限公司（物流中心）
	湖南友阿商业投资有限责任公司
	湖南湾田实业有限公司
	湖南星沙物流投资有限公司
	湖南一力股份有限公司
	湖南省弘广物流集团有限公司
	湖南科德商贸股份有限公司
广东省（15）	广州医药股份有限公司
	广州华新商贸有限公司
	美宜佳控股有限公司
	广州广汽商贸物流有限公司

地区及重点联系企业数量（家）	重点联系企业名称
广东省（15）	广州市广百物流有限公司
	宝供物流企业集团有限公司
	广州市嘉诚国际物流股份有限公司
	广州港物流有限公司
	广东安捷供应链管理股份有限公司
	优合集团有限公司
	深圳市海王银河医药投资有限公司
	顺丰速运有限公司
	深圳市递四方速递有限公司
	深圳越海全球供应链股份有限公司
	跨越速运集团有限公司
广西壮族自治区（10）	广西优而敏电子商务有限公司
	广西现代物流集团有限公司
	广西供应链服务集团有限公司
	广西玉柴物流集团有限公司
	广西北港物流有限公司
	广西交投物流集团有限公司
	柳州桂中海迅物流股份有限公司
	广西宁铁国际物流有限公司
	广西先飞达数智物流集团有限公司
	广西丰润航空物流有限公司
海南省（3）	海南农垦商贸物流产业集团有限公司
	海南海汽投资控股有限公司
	海南港航物流有限公司
重庆市（13）	华南物资集团有限公司
	重庆智飞生物制品股份有限公司

中国商贸物流发展报告（2022）

续表

地区及重点联系企业数量（家）	重点联系企业名称
重庆市（13）	渝新欧（重庆）供应链管理有限公司
	重庆兴红得聪餐饮管理有限公司
	重庆渝欧跨境电子商务股份有限公司
	渝新欧（重庆）物流有限公司
	重庆哈弗物流有限公司
	三羊马（重庆）物流股份有限公司
	重庆能投物流有限公司
	沙师弟（重庆）网络科技有限公司
	陆海新通道运营有限公司
	重庆珞璜港务有限公司
	重庆医药集团和平物流有限公司
四川省（10）	成都柳城红旗连锁批发有限公司
	宜宾绿源食品有限公司
	四川安吉物流集团有限公司
	中铁八局集团现代物流有限公司
	广元市美福地物流有限公司
	海霸王（成都）冷藏物流有限公司
	四川东方物流集团有限公司
	四川吉选智慧供应链科技有限公司
	四川华峰物流有限公司
	四川汇翔供应链管理有限公司
贵州省（13）	贵州物联（集团）有限公司
	贵阳市物流有限公司
	贵州现代物流产业（集团）有限责任公司
	贵州满帮物流科技有限公司
	贵州贵铁物流有限公司

地区及重点联系企业数量（家）	重点联系企业名称
贵州省（13）	贵州电子商务云运营有限责任公司
	贵州交通物流集团有限公司
	贵州金穗宏达物流有限公司
	贵州西南云聚物流有限公司
	贵阳农产品物流发展有限公司
	贵州合力惠民民生超市股份有限公司
	盘江运通物流股份有限公司
	西南运通公路物流有限公司
云南省（13）	云南云天化联合商务有限公司
	昆明国资商贸有限公司
	云南健之佳商业物流有限公司
	云南建投物流有限公司
	云南锡业集团物流有限公司
	云南宝象物流集团有限公司
	昆明国资实业发展有限责任公司
	云南农垦物流有限公司
	云南瑞和锦程实业股份有限公司
	云南德胜物流有限公司
	云南通力物流集团有限公司
	云南洲际班列物流有限责任公司
	云南天地汇巨力供应链管理有限公司
西藏自治区（5）	西藏阿卓仓商贸有限公司
	西藏安聚能创物流有限公司
	西藏途马物流有限公司
	西藏初垣星实业有限公司
	西藏云捷送物流运输有限公司

续 表

地区及重点联系企业数量（家）	重点联系企业名称
陕西省（8）	陕西坤源供应链集团有限公司
	陕西医药控股集团兴庆医药有限公司
	陕西华氏医药有限公司
	陕西京东信成供应链科技有限公司
	宝鸡华誉物流股份有限公司
	陕西黄马甲物流配送有限公司
	中国诚通供应链服务有限公司
	陕西商储物流有限公司
甘肃省（5）	兰州陆港国际商贸有限公司
	甘肃天马物流股份有限公司
	甘肃酒泉智慧物流园有限公司
	甘肃荣康医药物流有限责任公司
	甘肃省物产集团兰州物流园有限公司
青海省（3）	青海省物产集团有限公司
	青海物产工业投资有限公司
	格尔木昆仑物流运业有限公司
宁夏回族自治区（5）	宁夏小任果业发展有限公司
	宁夏新华百货现代物流有限公司
	宁夏九鼎物流科技有限责任公司
	宁夏李旺实业发展有限公司
	宁夏富海物流有限公司
新疆维吾尔自治区（4）	新疆每日集团有限公司
	新疆天莱香牛食品有限责任公司
	新疆天顺供应链股份有限公司
	新疆中欧联合物流有限公司
新疆生产建设兵团（2）	新疆阿拉尔聚天红果业有限责任公司
	可克达拉市恒信物流集团有限公司